REGLAS BÁSICAS DE
ETIQUETA Y PROTOCOLO

PARA UN COMPORTAMIENTO CON CLASE

POR MIL ESPINO

REGLAS BÁSICAS DE ETIQUETA Y PROTOCOLO

PARA UN COMPORTAMIENTO CON CLASE

New Jersey 2024

Florece Como Loto
Como las buenas maneras
influyen en nuestro buen vivir.

Agradecimientos:

A Dios padre por su amor y misericordia, a mi correctora de estilo, la periodista Franchesca Neris, mi hija mayor, por su entrega a ser realidad este trabajo, a mi hijo Franchetti, y a mis pequeñas Frannia y Framil Neris mi real inspiración.

Introducción

En un mundo donde las primeras impresiones marcan la diferencia y donde la forma en que nos comportamos se convierte en una extensión de quiénes somos, la etiqueta y el protocolo juegan un papel esencial. Este libro está dedicado a mujeres que desean mejorar su vida y destacar en sociedad, cultivando un estilo que inspire respeto, admiración y confianza. Más que un simple compendio de reglas, esta guía representa un camino hacia un estilo de vida de calidad, donde el buen vivir y el buen hacer se integran de manera armónica con el propósito de ser la mejor versión de ti misma.

Aquí, encontrarás una colección de normas y consejos prácticos que no solo fortalecerán tus interacciones sociales, sino que nutrirán tu sentido de autovaloración y de respeto por los demás. A través de principios como la bondad, la humildad, el respeto, la lealtad y la sencillez, este manual te invita a reflexionar sobre la importancia de estos valores como la base de un comportamiento elegante y auténtico.

Nuestro propósito es brindarte herramientas accesibles y aplicables que te guíen en cómo moverte con seguridad y firmeza en distintos entornos, desde reuniones sociales hasta eventos formales, y que te permitan adaptarte a diferentes contextos con confianza y gracia. Esta guía no solo te ayudará a manejar situaciones sociales de forma impecable, sino también a encarnar una presencia refinada y auténtica que habla sin palabras, logrando el equilibrio perfecto entre clase y calidez.

Que este libro te inspire a destacar con sutileza, a irradiar confianza y a contribuir con tu ejemplo a una sociedad más educada, respetuosa y armónica. A través de estas reglas de etiqueta y protocolo, te animamos a descubrir la belleza de ser recordada no solo por lo que haces, sino por la integridad y el respeto que reflejas en cada gesto y acción.

Contenido

01 Las Buenas Maneras

En nuestra sociedad, todos nos guiamos en la vida diaria por normas morales y principios éticos, que consideramos importantes. Estas influyen en nuestras decisiones para marcar nuestras vidas y la de los demás que nos ven actuar.

Las reglas de etiqueta evolucionan constantemente según la religión, raza o cultura. La esencia del buen vivir es la gentileza, aplicar "La regla de Oro", la cual está resumida en

(Mateo 7:12)

"Todas las cosas que quieren que los hombres les hagan, también ustedes de igual forma tienen que hacérselas a ellos".

Desarrollar cualidades como la bondad, la humildad, la lealtad, tener el suficiente tacto para actuar ante cualquier circunstancia, es nuestra mejor elección y carta de presentación.

El buen comportamiento, y las buenas maneras, nos benefician en nuestro desempeño personal. Por tanto, debemos tener la facultad de regirnos por buenos principios, obrar conforme a lo que creemos, en base a un código de buena conducta, ya que cada día trae sus momentos.

Debemos ser considerados con los demás y limar asperezas, cuando surjan con las personas que tenemos más cerca, lo cual, nos hará sentir mejor y recuerda siempre la frase que dice:

(Mateo 7:12)

«Si quieres triunfar por un momento, véngate de alguien, si quieres ser feliz toda la vida, perdona».

Practicar las reglas de etiqueta es agradable, y debemos hacerlo con naturalidad y seguridad, comenzando en el seno familiar, con nuestros hijos, padres, hermanos, esposos, o con cualquier persona con quien convivamos; este trato fomenta buenas relaciones y felicidad.

La etiqueta es amplia, abarca desde la expresión oral, corporal, la moda, así como la forma de agarrar las copas, los cubiertos, las tazas de café; cómo ir vestidos a una boda, a un cóctel como ofrecer ayuda a una persona con impedimento físico y otras prácticas de la vida diaria que son reglas importantes en el mundo de las etiquetas y el protocolo.

Debido a que cada momento tiene su regla, lo mejor es mantener una actitud de respeto, consideración, amabilidad y prudencia frente a los demás, ya que la forma de tratar y hablar tiene la capacidad de destruir o reavivar relaciones entre los seres humanos.

El autodominio es de suma importancia; debemos evitar los arranques de ira ya que sólo alejarán de usted a sus gentes más queridas. Tratemos siempre de que nuestras palabras no hieran, pero sí curen.

(Proverbios 15:1)

" La blanda respuesta quita la ira, más la palabra áspera, hace subir el furor".

Afianzamiento interior, proyectando seguridad

Las posturas personales, de sentarnos y pararnos, son importantísimas para proyectar una imagen de seguridad.

Al sentarte, recuerda colocar sólo una de las manos encima del sofá, colocar las dos denota inseguridad. Cuídate de poner tus manos sobre las rodillas, se colocan a mitad del muslo lo más elegante que puedas hacerlo y, por supuesto, debes sentirte cómoda.

Recordemos que la mujer al sentarse recoge su falda sin tirarse en el sillón

Al pararnos del asiento debemos observar algunos pasos, los cuales imprimen elegancia al que está sentado.

1 Sacar la cabeza de los hombros

2 Tener los hombros ligeramente hacia atrás, pero en forma natural.

3 Esconder el vientre

4 Mantener los pies bien apoyados en el suelo.

Aquí otras formas para
sentarte con elegancia:

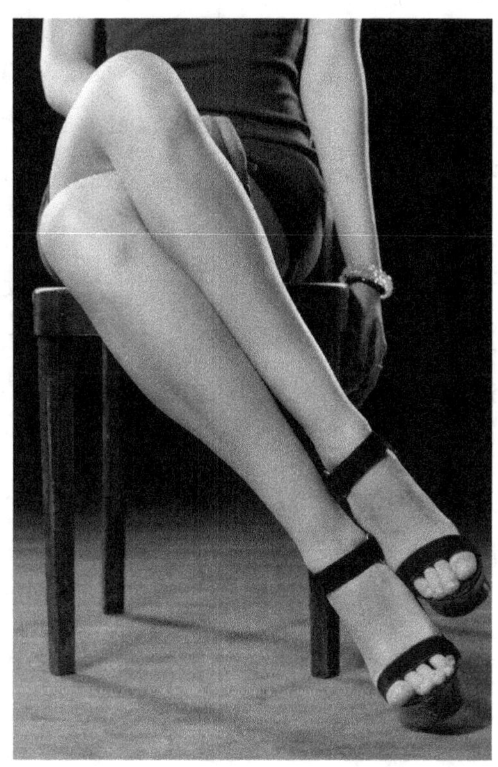

Siguiente forma:

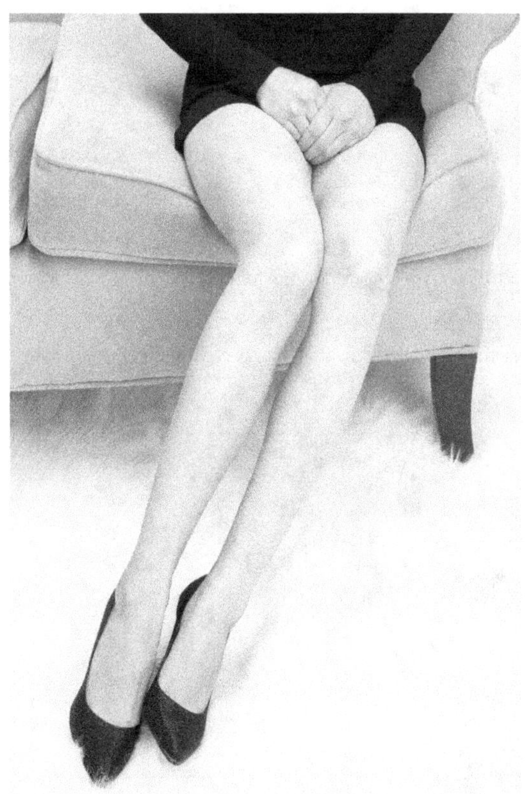

Para que un hombre proyecte educación, elegancia y seguridad al sentarse, debe hacerlo con control y presencia. Es ideal que mantenga la espalda recta, sin apoyarse completamente en el respaldo, y que los pies estén firmemente en el suelo, separados al ancho de los hombros. Las manos deben reposar de manera relajada sobre las piernas o en los apoyabrazos, evitando gestos inquietos.

Los hombres al sentarse pueden cruzar las piernas de la manera más cómoda que puedan sentirse.

Caminar correctamente según la etiqueta y el protocolo requiere proyectar una imagen de elegancia y seguridad en cada paso. Para lograrlo, mantén la espalda recta, los hombros relajados y el mentón ligeramente elevado, mirando hacia adelante con suavidad. Los brazos deben balancearse de manera natural, evitando movimientos exagerados. La clave está en llevar un ritmo constante y sereno, apoyando el talón primero y deslizándose hacia la punta del pie. Este andar transmite confianza y autocontrol, resaltando una presencia sofisticada que deja una impresión duradera.

Caminar denota elegancia, armonía y seguridad, por tanto, al caminar debemos observar:

1. Los pies deben ir uno delante del otro y en forma coordinada.

2. Los pasos deben ser livianos y rítmicos.

3. Los pasos deben ser firme y bien dirigido

02 Buena Señal

En nuestra cultura, el saludo es la llave que abre y cierra puertas, y transmite la impresión de entrada. Nunca debemos dejar de saludar, o enviar un gesto de agrado, aun en los momentos más difíciles.

Existen diferentes saludos, los cuales debemos aplicar dependiendo de la cultura, el país, o el medio en que actuamos. El protocolo ordinario establece diferentes formas de saludarnos.

Saludar:

Es dirigirse a otra persona, para expresar una cortesía o diferencia. Para saludar hay que mirar a la cara, tener una expresión de atención y amabilidad, no importa a quién se salude es necesario ser cortés.

Darse las manos:

No siempre es necesario, saludar con las manos, un abrazo o un beso.
Una mirada de amor un gesto amable hará el trabajo.

Al saludar, la mujer elije la forma que desea saludar. El hombre no se adelanta a hacerlo, cuando se trata de algún acercamiento. En estos casos la mujer elije el tipo de acercamiento, si desea dar la mano, o algún toque físico, aunque siempre un, "mucho gusto", o, "que tal", puede llenar las expectativas. Siempre es delicado, que, al saludar, nos quitamos las gafas para dejar ver el rostro y los ojos de quien nos saluda".

Un caballero con sombrero al saludar se lo quita y dedica una sonrisa amable. Si está fumando, se quita el cigarrillo de la boca y se saca las manos de los bolsillos.
 Un gesto de altivez no es correcto ni proyectará buena imagen.

En un saludo de un apretón de manos este:
No debe ser blando, ni tampoco fuerte, simplemente, firme, corto y cálido.

La llegada.
La llegada a un grupo social tiene su elegancia, sin importar que sean llegadas virtuales, el gesto de amor debe imperar, y dependiendo de la actividad o momento, la forma de llegada envía una señal de respeto y bien conducirse.

Recuerde que quien llega al grupo, es el que inicia el saludo, la primera persona que se saluda, es a la anfitriona.

La mujer no se pone de pie cuando el hombre saluda. Si llega a una reunión que te han invitado, puedes saludar individual o colectivo. Si hay personas que no conozcas te auto presentas, pero jamás dejas de saludarlos, ni mucho menos saltarlas o ignorarlas porque no las conozcas.

Las despedidas

Dar las gracias por lo bien que la pasaste, y expresar gratitud es un excelente gesto.

Las presentaciones

Cuando nos vamos a presentar a otra persona, hay 3 reglas de oro, que deben observarse:

- *Caballeros a damas.*
- *Jóvenes a los mayores.*
- *Persona de menor rango al de mayor rango.*

El hombre es quien se presenta a la mujer.
Por ejemplo: Anita permítame presentarle a Manuel.
Es admitido usar términos como "Es un honor, mucho gusto".

Las presentaciones requieren de una tercera persona, y de mucha agilidad mental para hacerlo con las normas de etiqueta.

Las personas de rango mayores, jamás se presentan a otros, porque se sobreentiende que son de pública notoriedad, y simplemente, porque no se puede decir:
"Manuel, te presento al Sr. presidente", sino todo lo contrario;
"Sr. presidente, permítame presentarle a Manuel, mi hermano".

En las presentaciones, debemos dar la oportunidad, a que sepa la familiaridad que tenemos con las personas a quienes presentamos.

03

Vestuario y Belleza Refinada

"La belleza comienza en el momento en que decides ser tú misma."

Coco Chanel

Aunque hay un decir respecto de que, la moda no incomoda, es muy importante, el buen estado, de todo lo que se lleva puesto en cuanto a la limpieza, y orden del vestir. Puedes tener un guardarropa de temporada completo sin tener que gastar mucho.

Cuando tengas que adquirir una prenda, reflexiona si esta, completa la que ya se tiene, y si realmente le sacarás provecho. Comprar prendas de dos o más piezas es más conveniente para poder combinar con otras.

Con las diferentes culturas que existen en nuestro mundo, y que nos rodean, lo más importante es sentirnos cómodos con lo que llevamos puesto, de ahí va a depender como nos **sentimos y eso se refleja en nuestros movimientos, acciones y expresiones.**

El vestuario femenino:

Tomar en cuenta la estación del año.
El aspecto exterior debe proporcionar sensación de agrado y de bienestar.

En general, vestir de forma discreta, pero favorecedora, siguiendo las líneas clásicas, con un toque de moda, puede resultar la elección más conveniente, para proyectar una imagen femenina y profesional.

Todos nacemos con una determinada altura, rasgos faciales, o color de cabello, los cuales se pueden cambiar o mejorar, haciendo todo lo posible por mantener una figura estilizada. Utilizar los colores y diseños apropiados en la vestimenta profesional, ya que estos pueden mejorar tu estilo. Ya que la indumentaria tiene el poder de mejorar decididamente, la percepción positiva de la imagen que queremos proyectar.

 En cuestión de imagen, no haya dudas que una buena imagen tiene mayor poder de influencia.

Son notables, las diversas dietas y ejercicios, a la que la mujer está dispuesta a llevar para conservar su buena salud. Con todo es fundamental, reconocer la proporción y forma de tu cuerpo antes de elegir modas y colores.

Como vestir si eres voluminosas:

Siempre los expertos nos dicen que:
Es preferible utilizar ropa lisa en la cadera, y arriba los estampados, no utilices ropas precisas o ajustadas ya que te hará ver las caderas más protuberantes, procura no llevar cuellos altos.

- Evita pantalones con bolsas y pretinas, y es cierto que:

Los cortes rectos en tus pantalones y faldas, te harán lucir mejor.

La vestimenta casual

La vestimenta casual debe ser relajada, cómoda, y adecuada para situaciones informales, sin perder estilo ni elegancia. En este estilo, puedes optar por prendas básicas y versátiles como jeans, camisetas de algodón, blusas sencillas, o suéteres suaves. Los colores neutros y los accesorios discretos añaden sofisticación sin esfuerzo, mientras que el calzado cómodo, como mocasines o zapatillas de cuero, completa el look. Aunque sea un estilo informal, la clave está en que cada prenda esté bien cuidada y coordinada, proyectando siempre una imagen fresca y pulida.

La vestimenta casual

La vestimenta casual elegante es ideal para proyectar estilo y sofisticación en ambientes relajados. Este estilo combina comodidad con un toque de clase, por lo que puedes optar por prendas como blusas de seda, pantalones de vestir de corte ajustado, y suéteres de alta calidad o blazers ligeros. Los jeans oscuros, combinados con camisas formales o blusas estructuradas, también son una excelente opción. Los accesorios sutiles, como relojes elegantes, bufandas de seda, o bolsos de cuero, completan el look sin sobrecargarlo. Para el calzado, escoge mocasines, botines o tacones bajos que aporten estilo sin sacrificar comodidad. La clave está en un balance entre lo sofisticado y lo casual, logrando una imagen cuidada y sin esfuerzo.

Vestimenta semi formal

En la mayoría de las invitaciones, para actividades sociales, nos marcan algún tipo de vestimenta, esto define el estilo en que se llevara a cabo dicha reunión. Estas actividades semi formal puede ser: una boda de día, eventos tipo coctel, la vestimenta correcta para las mujeres que van a asistir a este tipo de evento, es un vestido corto o 3/4, aunque es importante tomar en cuenta tu estilo y tu personalidad.

El estilo semi formal, está inclinado a un estilo más sobrio y elegante, un vestido corto negro, utilizando unos accesorios que complementen el vestido, unos lindos tacones que hagan juego con la vestimenta te verás espectacular.

Vestimenta Formal

La vestimenta formal representa elegancia y protocolo, ideal para eventos importantes, reuniones corporativas o cenas de gala. Para mujeres, se recomienda un vestido largo o un traje de pantalón y chaqueta en tonos sobrios como el negro, azul marino o gris. Los accesorios deben ser minimalistas y elegantes, y el calzado ideal es un par de tacones cerrados en tonos neutros. Para los hombres, un traje oscuro, camisa de vestir blanca o de tono claro, y corbata son esenciales, junto con zapatos bien pulidos y un cinturón a juego. En ambos casos, la formalidad también se refleja en los detalles: un peinado cuidado, una fragancia discreta, y una actitud impecable completan la imagen de refinamiento y respeto.

El color en el vestir

La elección de colores al vestir es fundamental para transmitir emociones, estilo y hasta influir en cómo nos perciben. En situaciones formales o profesionales, colores sobrios y clásicos como el negro, azul marino, gris y blanco inspiran confianza, autoridad y seriedad. Tonos como el beige y el gris claro reflejan tranquilidad y accesibilidad, ideales para entornos de colaboración.

Para eventos casuales, los colores vivos, como el rojo o el amarillo, reflejan energía y entusiasmo, mientras que los tonos pastel aportan frescura y un toque delicado. Es importante tener en cuenta la ocasión y el mensaje que queremos transmitir, así como elegir colores que complementen nuestro tono de piel. Dominar el uso del color nos permite proyectar una imagen adecuada y reflejar nuestro estilo y personalidad.

Planificación de un guardarropa clásico básico

Organizar los guardarropas implica un conjunto de medidas, como son las siguientes:

- Jamás improvisar las compras.
- No comprar de emergencia.
- Cuando compres, complementar con lo que ya tienes.
- Tener de cada pieza un color. (Utilizar los colores básicos. Ej. Blusas: blanca, roja, negra, azul marino y crema).

- Lo mismo con los pantalones, y siempre estaremos bien vestidos.
- Tener piezas sport, casual y formal. Las blusas clásicas son tipo camiseros; mangas largas y con cuello, también puede ser mangas cortas, se debe tener 5 colores.

En los guardarropas, es conveniente, tener un pantalón sastre clásico, que son los que tienen las mismas medidas en los muslos y piernas, son rectos, con pretinas, y recuerda tener de estos también los colores básicos.

Las chaquetas clásicas nunca deben faltar en tu guardarropa, estas son las de tres botones, uno o dos. Con las chaquetas, hay que saber usarlas, porque si eres persona con sobre peso, no debes usar chaquetas cortas ni cruzadas, se ven mejor con chaquetas largas. También hay que considerar que las flores y cuadros grandes aumentan libras mientras que las pequeñas disminuyen.

Por tales razones a la hora de vestirnos, lo más importante es usar lo que nos queda bien, que nos veamos seguros y atractivos y gustarnos a nosotros mismos para agradarle a los demás. Tener glamur, o sea tener sencillez y elegancia.

No es aconsejable comprar demasiadas ropas, porque estén a la moda, ya que la moda es efímera y muy cambiante.

Son obligatorios en tu guardarropa. Es la prenda de vestir que no tiene moda, pueden ser estrechos o sueltos, con mangas o sin ellas, pero sencillos y siempre son de un solo color. Son importantes para asistir a diferentes actividades no formales.

Los accesorios en la mujer

Las joyas y accesorios complementan el vestuario de una mujer.
Para fiestas formales, solo se usan las piedras preciosas o imitación de piedras y en combinación con pulseras, aretes y anillos.

El metal no se usa para fiestas, si es plateado todo igual, aretes, gargantilla, pulsera y anillos. Las perlas: Jamás se usan para fiestas formales, son sumamente casuales. Como en una cena, un cóctel, etc.

El uso correcto de las carteras

Las carteras son un complemento importante al vestir, al usarlas, los dos hombros deben estar hacia atrás.

- Al llevar tu cartera en tu hombro, recuerda llevarla hacia atrás, la importante eres tú no la cartera.

- Las carteras muy grandes la colocamos en el suelo, a lado nuestro, jamás encima de las mesas o de las sillas, ya que siempre debemos estar cómodas.

- En los restaurantes u otros lugares públicos, las carteras medianas la puedes colocar sobre la silla al lado tuyo. Recuerda, es prohibido por ninguna ponerlas sobre la mesa.

- Si la cartera es pequeña la colocas sobre tus piernas, jamás sobre la mesa.

El maquillaje femenino

Maquillarse es inspirarse, darle vida al rostro, una forma de expresarse es tener arte y mucho tacto. Mímate con productos que correspondan a tu tipo de piel.

Una buena base protege tu piel y disminuye imperfecciones. En tu tocador, nunca debe faltar un limpiador, un tónico y un hidratante para limpiar tu piel. Todos los días en la mañana y en la noche. Y por supuesto, usar un protector solar lo más alto posible 15 minutos antes de exponerse al sol.

Consejos que pueden ayudar tu cuerpo:

Si eres una mujer alta tienes que evitar:

- Vestirte de un solo color.
- Usar los collares largos, te convienen collares cortos.

La mujer alta puede decidirse por utilizar faldas o pantalones de diversos estampados si no tiene sobrepeso, puede vestirse de un solo color en caso de que estés delgada.

Si eres una mujer de poca estatura:

- Te conviene ropas cortas, no ropas largas.
- Los cinturones finos, los gruesos te hacen ver más pequeña.
- Los zapatos del mismo color que el pantalón te hará ver más alta.
- Las blusas por dentro, no por fuera y tacones no está de más.

Uso correcto de las gafas de sol

Las gafas de sol tienen una función de protección de las exposiciones al sol en nuestros ojos, o por razones estéticas. Las gafas de sol se utilizan siempre en lugares abiertos, y nunca se deben entrar con ellas puestas a lugares cerrados, sea restaurantes, comercios, iglesias u otros, salvo alguna lesión ocular. Se deben quitar cuando hablemos con una persona sea en la calle o en cualquier otro lugar.

El Vestuario Masculino

El caballero al igual que la dama, debe cuidar su apariencia personal. Un correcto vestir debe estar constituido por chaqueta y pantalones, colores azul o gris oscuros. Saco sport, el más aceptado es el blazer azul oscuro. Camisas blancas a colores, lisas o rayas.

La corbata: es un accesorio que imprime elegancia al caballero debe ponderarse en colores vivos a tono con la camisa y el vestido, el ancho y largo varía según la moda.

La combinación de la correa es siempre a tono con los zapatos, las medias deben ir combinadas con el pantalón. Si las medias son blancas y gruesas de algodón o deportivas, Nylon, o seda, deben usarse bien largas para que al sentarse no dejen ver la piel. Las medias deben estar a tono con el pantalón o con los zapatos.

Zapatos: pueden ser de cuero, color negro o marrones de cordones. Si son mocasines son más deportivos.

Para todo caballero, llevar pañuelo es señal de delicadeza personal, siempre debe llevarse en el bolsillo izquierdo de la chaqueta y sólo sobresale 1 centímetro del bolsillo.

Como hemos dicho antes, la calidad de la ropa no está en el costo, sino en el buen gusto y elegancia. El sentido común y el respeto a nosotros al vestir y el respeto a los demás, es lo que indica nuestra personalidad.

A pesar de que en la actualidad, hay gente que se pone lo que quiera, siempre existirán normas clásicas a seguir, en especial la ropa masculina, ya que es la que marca la pauta del vestir femenino.

Accesorios en el hombre

La corbata: Una prenda de vestir fundamental y muy elegante, en el hombre una de las reglas principales a camisas lisas, la corbata puede ser a rayas, estampados pequeños.
 la camisa es estampada o a rayas, entonces utiliza la corbata lisa, la corbata debe llegar a la altura de la cintura, ni más corta, ni más larga, en cuanto a los colores no es elegante, combinar más de tres colores en un mismo vestuario.

El calzado: los calzados de corte clásico, de cordones o de hebillas, preferiblemente de colores oscuros y lisos combinarlos con el cinturón.

Los calcetines: en los calcetines es deben tratar de combinarse con los zapatos y el pantalón.

El anillo de graduación: es la señal del vínculo indestructible que vas a guardar con tu alma mater.
Según:
 Ana Martin Villegas, de la universidad de Zaragoza, dice que el anillo de graduación es un símbolo de desposorio con la universidad.

Algunos expertos en protocolo afirman:
 que el anillo de graduación es solo un símbolo que se mantiene como recuerdo al compromiso y ética a tu carrera, no es para usarse en los dedos, de lo que yo personalmente estoy de acuerdo.

El vestuario en los niños:

No hay duda, que los niños, son la representación de los padres, ellos quieren verse bien al igual que los adultos, por eso hay que tomar en cuenta lo que ellos prefieren al elegir su vestuario, de esta forma los niños se sentirán más conforme, cómodos y seguros.

Puntos para tomar en cuenta al momento de comprarle a ellos: calidad, diseño, aunque lo más importante es la comodidad, las ropas que se ajustan a ellos resolverá problemas a la hora de vestirlos. Recuerda tus hijos tienen derecho a elegir su vestimenta desde muy temprana edad, esto les ayudará a ser más seguros de sí mismos y más independientes, sin dudar que tus orientaciones y experiencias nunca deben faltar.

04 Mi grandeza interior y exterior

La verdadera elegancia va mucho más allá de la apariencia; radica en la grandeza interior y en los valores que una persona cultiva y refleja. La etiqueta y el protocolo no son solo normas de comportamiento, sino herramientas que, aplicadas con integridad, revelan nuestro respeto y consideración hacia los demás. Alguien realmente elegante y refinado actúa con cortesía, escucha con atención y muestra gratitud, valores que enriquecen las interacciones y dejan una impresión genuina y duradera.

Para ser percibida como una persona elegante, no basta con saber las reglas de etiqueta; es esencial vivir y proyectar valores fundamentales como la bondad, la empatía y la honestidad.

Estos valores nos inspiran a tratar a todos con respeto, a actuar con humildad y a ser generosos con nuestro tiempo y atención. La elegancia verdadera viene de quienes son sinceros en sus gestos y en su trato hacia los demás, y que buscan la armonía en cada interacción.

La etiqueta y el protocolo encuentran su mejor expresión cuando son el reflejo de estos valores internos. Cultivar la grandeza interior significa convertirse en una persona que, sin importar las circunstancias, proyecta dignidad, respeto y un auténtico sentido de humanidad. En un mundo donde la apariencia puede ser efímera, la grandeza interior perdura y se convierte en la esencia de la verdadera elegancia.

Comportamientos

La mujer en el hogar

La mujer sabia edifica su casa (Proverbios 14; 1) edificar significa construir y levantar una casa este verso no se refiere solo a la estructura y el mantenimiento del hogar, sino también a la familia misma, crear lazos familiares en la rutina diaria de crear un hogar feliz.

 Para que una familia pueda vivir, este verso enseña que una mujer sabia crea en su hogar una atmósfera cálida, feliz, positiva y constructiva.

Es impresionante nuestro diseño de mujer ante las leyes

universales como se nos muestra que la prudencia en el hogar debe ser nuestra prioridad. Sin olvidar el trato que se debe tener hacia nosotras, donde lo único que debemos aceptar es amor y bondad, cuidar nuestra salud emocional e integridad debe ser nuestro objetivo.

Debemos tener siempre palabras frescas y tranquilizadoras, para nuestros amados.

"La blanda respuestas quitan la ira"

(Proverbios 15; 1)

" y el fruto de justicia se siembra en paz para aquellos que hacen la paz."

(Santiago 3:18)

procure decir siempre palabras buenas que alegren los corazones de aquellos que viven en su casa.

Son algunas de las cosas que pueden hacer de su hogar una prisión.

El paso más importante, para transformar su casa en hogar, es tener el deseo en el corazón de hacerlo, Edificar un hogar es un esfuerzo de toda la vida, pida a Dios sabiduría, y comience a edificar, sea para su esposo e hijos o para usted misma.

Sus hijos les pueden ayudar a arreglar sus propias habitaciones, doblar las ropas, sacudir el polvo, puede asignarle sus tareas a cada uno.

Una mujer ingeniosa procura:

- Crear un refugio encantador llamado hogar.
- Hace su tarea en el hogar con voluntad y de corazón.

(Proverbios 31; 13) (Colosenses 3; 23).

- Hace de su hogar una porción de cielo aquí en la tierra para su familia.
- Está pendiente de las cosas que necesitan ser añadidas, arregladas o reparadas en su casa para que el área se vea realmente como un refugio.
- Cuando lleves una carga en el corazón, no cargues el estómago, la llenura quita la mente despejada, no te permite pensar libremente. Contar las amarguras a tu padre del cielo, que está en secreto, el nunca traicionara tus confidencias.
- Cultive el amor por la educación, lea buenos libros crecerá tu intelecto y su mente brillante.
- Lea la Biblia, es el mejor libro y el libro número 1 del mundo.
- Programa tu itinerario y no permita que nada te saque de ahí.
- Haga ejercicio, se ha demostrado que el hacer ejercicio aumenta el metabolismo crea hormonas que te ayudaran a tener actitudes más positivas.

Sea divertida:

Esfuércese, en desarrollar y usar el sentido del humor, aprenda chistes, trabalenguas, adivinanzas, cuentos, sobre todo aprenda a decir te amo" utilice esas palabras con sus parientes tanto como pueda.

Celebre siempre, y sea creativa:

Tratemos de que todo lo que hagamos sea especial, por ejemplo, Si vamos a cenar hagamos de este momento algo especial, encienda una vela,
Ponga flores frescas, lo que gustes que pueda hacer la diferencia.
Cambie los manteles, use alguna vajilla especial.

Sea especial en la forma de tratar a los suyos:

Recuerde (Tito 2:4)

"Nos enseña que nuestro esposo e hijos han de tener prioridades sobre toda otra relación y responsabilidad humana.

No les des a otros, lo que todavía no has dado en casa" la mejor vajilla, los mejores manteles, los más sabrosos postres, el mejor vino, el mejor tono de voz, y la mejor comida, son para las personas más cercanas a ti, los de tu casa.

Concéntrese:

Concéntrese en sus hijos, una madre sabia y que conoce sus prioridades, no negocia el tiempo de sus hijos con visitas de amigos u otras actividades:

 Tenga pendiente estar disponible para ellos en el momento que llegan de la escuela o del trabajo.

Las palabras de los labios de una persona generosa están marcadas por la sabiduría y la bondad, y esas cualidades jamás hablan en forma negativa de sus parientes. Una persona de corazón sosegado no publica asuntos dañinos de sus gentes queridas.

Con tus amigos:

Atrae a tu vida amigos puros y buenos modelos que imitar.

 Pídele a Dios discernimiento inspirado por el espíritu santo para elegir tus amistades que sean puros y buenos modelos para seguir.

"El que anda con sabios, sabio será, "más el que se junta con necios será quebrantado"
(Proverbios 13:20)

No te permitas tener amistades necias y de carácter impuro a tu vida, ora al señor para que te muestre el significado de la verdadera amistad, para que seas siempre un buen amigo, y te proporcione relaciones fuertes, cercanas, y duraderas.

En definitiva, una de las mayores influencias en las vidas de las personas serán sus amistades. Hay tantos versos impactantes en la Biblia respecto al tema que te deja claro que tus amigos deben ser los mejores.

Aléjate de personas que estorben tu espíritu o que sean una mala influencia para tu vida, y te hagan andar por un camino erróneo. Es muy importante la compañía que tenemos, por lo que debemos estar alerta con relación a los amigos cercanas que tenemos.

Habla vida:

Habla vida, pronuncia, siempre palabras de esperanza, salud exhortación y de proponerte como meta no criticar, no juzgar no decir nada negativo de nadie, cuando no tengas nada positivo que decir, guarda silencio. "Panal de miel son los dichos suaves, suavidad al alma y medicina para los huesos".

Comportamiento en Clínicas y Hospitales

Testimonio.

Cuando mi padre estuvo hospitalizado, por un periodo de dos semanas, en el hospital, recuerdo un domingo en la tarde, llego a la habitación un pariente que lo apreciaba mucho. Me alegre de verla allí preocupada tanto por él, pero más valioso, fue para mí, después de más de 3 horas, ya al anochecer, cuando creí que se había ido, estaba allí todavia, sentada en la salita de espera tranquila, serena, como diciendo , ustedes son mi prioridad .
Me dio nuevas fuerzas, y de ella aprendí, no andar de prisa cuando visito un enfermo.

ALGUNAS NORMAS IMPORTANTES:

Cuando visitemos un enfermo las visitas deben ser cortas, hablar en voz baja. Es incorrecto llevar alimentos, más bien flores, revistas o un buen libro, nunca se le interroga sobre los males que le aquejan o alguna cirugía que se le haya practicado, solo se le pregunta ¿Cómo se siente? Si es usted el enfermo, tampoco de detalles de lo que ha sufrido con su operación o enfermedad.
No hay porque hablar de cualquier cirugía que se le haya realizado.

Si es de gravedad la situación del enfermo, lo mejor que se puede hacer es estar pendiente de su salud sin preguntar detalles de la enfermedad, y ponerse a disposición de los familiares.

 Al visitar a un enfermo, que ya está en sala, evite demostrar que anda con prisa, hágale sentir que fue a verlo (a) y que su tiempo es totalmente de él o ella.

ALGUNAS NORMAS NECESARIAS EN LA FUNERARIA

Durante la ceremonia religiosa y el entierro, es necesario recogidamente observar el debido respeto.

 Los lugares cerca al ataúd son siempre reservados para los familiares cercanos.

Evite andar de prisa, dedíquele el tiempo suficiente para que el doliente sienta que no está solo.

Al dar el pésame o acompañar al amigo (a) evite decir palabras como: no llores, así Dios lo quiso, etc. Basta decir: lo siento, estoy contigo, te acompaño en tu dolor, en tu sentimiento, la frase que usted desea. Ofrézcale sus hombros según sea la confianza o estréchele en un abrazo en silencio hasta que él o ella decidan apartarse. En los momentos de dolor las muchas palabras chocan.

Al marcharse evite despedirse con un debo irme, porque tengo un compromiso o tengo que trabajar, etc., es de mal gusto. (Estoy a tu disposición para lo que necesitas, o un, estoy contigo. Es suficiente.

Si decide ir al entierro evite conversaciones de diversos temas, lo importante es su presencia, el doliente agradecerá su compañía es ese momento de dolor, aunque no se lo exprese con palabras.

TRATO A LOS ENVEJECIENTES:

Respeto Atención y Cariño: son los tres principios básicos en la relación con nuestros mayores.
Respetar su momento psicofísico, su ritmo propio, sus valores y concepciones, ser pacientes ante sus deseos sus comportamientos quejas y querencias, respetar su propia organización de la vida.

La atención al anciano será siempre desde una escucha abierta, positiva y sin juicios de valor ni prejuicios, escucharlos es humano y mostrarles aprecio, consideración, estar siempre cerca y acompañarlos.

El cariño:
Debemos proporcionárselos en grandes dosis, porque en esta edad se valora más que nunca el afecto, la sensibilidad, sobre todo mostrar interés por lo que les ocurre.
Tenerlos pendientes, ese tiempo de dedicación a ellos que sea de respeto y escucha, que nuestro tono sea cálido a la hora de dirigirnos a ellos, nuestros gestos nuestra mirada, las caricias los besos, hacerles sentir que no están solos y que son queridos y valorados.

Recuerde que los mayores tienen derecho a elegir como quieren vivir, inmiscuirnos e imponer nuestros criterios equivale a un abuso de poder y a una falta de respeto a su libertad.

Cada arruga no es una herida que hay que ocultar, más bien es una feliz constatación de que seguimos viviendo, disfrutando de nuestro crecimiento personal.

Comportamiento en las escaleras

En las escaleras, también debemos observar buenos modales en nuestro comportamiento. Al subir y bajar las escaleras tomamos las reglas de las avenidas, siempre por la derecha, en forma diagonal, jamás dar la espalda a la persona que sube o baja. Si vamos acompañadas de un caballero, al subir, este se coloca detrás; al bajar; se coloca delante. Esto es por seguridad.

05 La etiqueta ejecutiva

La etiqueta y el protocolo en el ámbito ejecutivo son más que simples formalidades; son herramientas fundamentales que reflejan profesionalismo, respeto y liderazgo. En un entorno de negocios, cada gesto y palabra cuenta para construir una imagen de confianza y credibilidad. La manera en que un ejecutivo se presenta, interactúa y maneja situaciones formales o informales puede influir en el éxito de sus relaciones laborales y en la percepción de sus competencias. Este capítulo explora las prácticas esenciales de etiqueta en reuniones, eventos corporativos, y comunicación, orientadas a que los ejecutivos proyecten elegancia, autoridad y una ética sólida.

La Etiqueta en los Ejecutivos: Proyectando Profesionalismo y Respeto

- En una entrevista o encuentro, es de mal gusto llegar demasiado temprano o demasiado tarde, lo correcto es 10 minutos antes.
- Nunca beses a alguien que te acaban de presentar para saludarlo.
- Nunca saludar por encima del escritorio.
- Nunca llame por sus nombres o sobrenombres a tus compañeros de trabajo, aunque haya confianza, frente a un cliente.
- Siempre llamarlo por sus apellidos, o por sus nombres de esta manera: Ej.; María Torres, si es con el nombre, Doña María. En caso de que prefieras usar el apellido, dirás, señora Torres.
- Recuerde, el superior establece las pautas.
- El superior es quien decide cómo quiere ser llamado.
- En los negocios quien invita, paga y elige el lugar, aunque sea mujer.
- Al invitado se le da el mejor lugar en la mesa, o sea, el lugar que tenga mejor vista, o de frente a todos.
- El que invita, pide y ordena el menú.
- En las cenas de negocio, se debe impersonalizar, nunca se paga en efectivo, pagar con tarjetas de crédito, es decir, plástico.
- Debemos estar sujetos a nuestros superiores.

Un buen ejecutivo debe preocuparse por su apariencia, ya que, en el mundo de los negocios, son indispensables, también los modales y la buena conversación, y siempre procura:

- Tener cortesía por teléfono, esto puede hacer o deshacer un negocio.
- Una secretaria bien entrenada, es la mano derecha del superior inmediato. Debe disponer de libretas preimpresas para apuntar mensajes. Mensajes, ¿Quién llama?, hora, teléfono, etc.

La secretaria y el protocolo

Para la secretaria, la persona más importante es el superior inmediato. A todo superior le agrada la empleada nítida, impersonal, eficiente y educada. Debe coordinar los compromisos de superior, ya sean citas, llamadas o visitas.

Una secretaria jamás comenta o traiciona los asuntos de su jefe, aun cuando ya no trabaje para él. Debe considerarlo secreto profesional, concentrarse en su trabajo sin comentarios personales.

Siempre debe dejar los sentimientos personales en casa. Una buena secretaria sabe que la correspondencia de su superior es sagrada. Se coloca en el escritorio de él, en su sobre, para evitar que otras personas con acceso a la oficina las vean.

Una secretaria bien entrenada, responde inmediatamente las llamadas telefónicas, esto crea una sensación de eficiencia y delicadeza personal.

Una secretaria debe llamar a su superior por su título y apellido, Ej.: Dr. Hidalgo. El superior inmediato puede llamarla por su nombre, Ej.: Carmen, hágame el favor de...

El protocolo en la oficina

La oficina es nuestro segundo espacio vital, por eso lo más correcto es:

- Evitar el tratamiento de Tú.
- Usar términos como Secre, Linda, etc.
- Cooperar con los compañeros, si van con los brazos llenos de papeles.
- Compartir un café con el compañero.
- Llamar a los compañeros por sus apellidos, ejemplo: Sr. García.
- Si un visitante llega, hacerle sentir que es muy importante.
- Recuerda que, al hacer un comentario de un colega, trata de que sea para aportes positivos, de lo contrario, quédate en silencio.
- Disimular los estados de ánimo o rivalidades.
- Ser impersonal con tus compañeros.
- Dejar los sentimientos personales en casa y nunca le amargues el día a tus compañeros de trabajo.

06

EL Arte de la mesa

"No compartimos solo comida, sino la vida misma alrededor de una mesa."

Cesar Chavez

El arte de arreglar la mesa

Al rededor de la mesa, los padres se sientan con sus hijos, la cual irradia un remanso de paz y seguridad.

Es alrededor de la mesa, donde se enseñan principios de valores, buenos modales y comportamiento. La dueña de casa, esa mujer que, con todo su cariño, sensibilidad y buen gusto, ofrece a su familia, no solamente unos alimentos bien sazonados, sino mostrar y organizar la mesa con esmero. La planificación y la organización son esenciales.

Las comidas planearlas bien para que sean más nutritivas y apetecibles, que las que se improvisan apresuradamente. Las mujeres en el hogar deben luchar para que no se pierdan estos refinamientos.

La Mantelería:

El mantel es sin duda el traje de la mesa, la regla general es que solamente debe colgar, un tercio de la distancia que haya desde la mesa hasta el suelo.
Por supuesto, tampoco deberá quedar corto, dejando al descubierto una parte de la mesa, o del bajo mantel, que sirve para evitar que el mantel se resbale, el bajo mantel nunca debe ser mayor que el tamaño del mantel, para que no sobresalga, o muy grueso. El color más elegante es el blanco, para almuerzos, se permite manteles de colores, para comidas y cenas, prevalece el color blanco, y otros colores como pastel

suave o el color marfil, en ocasiones como navidad, se pueden utilizar manteles referentes a la fecha.

Antes de poner un mantel, es conveniente proteger la mesa con un protector, tela acolchada, plástico u otro material que no deje pasar la humedad.

Los centros de mesa:

Son el adorno que le da el toque de gracia, y de buen gusto a toda mesa bien puesta, pueden ser flores, frutas o candelabros. Tomar en cuenta que los candelabros son para la noche únicamente.

El centro floral: es el que más gusta, se coloca a un nivel que permita a los miembros de la familia conversar.

La cristalería: tipos de copas y su colocación.

La cristalería, al igual que la vajilla, marca y distingue una mesa, si desea poner una mesa elegante, opte por diseños sencillos y de cristal transparente. Evite el uso de copas de color. Cuando hablamos de vajillas, significa grupos de platos y bandejas armónicas entre sí.

Lista de una vajilla completa:

- Doce platos para comidas, llanos)
- Doce platos para sopa,) hondos).
- Doce platos para postres o ensaladas.
- Doce platos para el pan.
- Doce tazas para consomé con sus platos
- Doce tazas para café con sus platos.
- Doce tazas para té con sus platos.
- Doce bandejas redondas y hondas de servir.
- Una ensaladera, una cafetera, una azucarera, una lechera.

Colocación de la mesa y como servir los alimentos

- En una mesa los anfitriones o dueños de casa, se sientan en un extremo de la mesa o al centro de esta, el invitado de honor se sienta a su derecha y a su izquierda otro caballero sin importar el estilo de la mesa.

- Al servir la mesa, siempre se ofrecen los alimentos por la izquierda y se recogen los platos ya usados por la derecha.

- Siempre se sirve primero al invitado de honor.

- Recuerda colocar los cuchillos y las cucharas a la derecha, los cuchillos con el filo hacia dentro, los tenedores a la izquierda.

- Quien conoce y practica estas reglas de etiqueta, adquiere la seguridad que necesita para hacerlo con elegancia. El tenedor de tres puntas, para mariscos y otro alimento que requiera el tenedor pequeño de 3 puntas va a la derecha con la cuchara.

- En la mesa, espalda recta, nunca apoyes los codos, sólo la parte del antebrazo, nos relajamos, tomamos la servilleta, la ponemos en nuestro regazo con la forma más educada posible.

Aspectos para evitar en la mesa

- Hablar con la boca llena.
- Tomar vino o agua con la boca llena.
- Accionar con los cubiertos en la mano.
- Jugar con los cubiertos.
- Llenar el tenedor hasta su base.
- Cruzar los cubiertos en el plato cuando haya terminado.
- Apoyar codos y brazos en la mesa. Solamente las manos o antebrazo.
- Levantar el dedo meñique al comer o cuando te llevas una copa o vaso a los labios.
- Rechazar comidas porque no te gusten.
- Inclinar el plato de sopa para escurrirlo.
- Retirar el plato de sí. El servicio lo hará por ti.
- Alzar el tono de voz.
- Rascarse la cabeza.
- Reírse a carcajadas.
- Hablar sobre temas no agradables.

Etiqueta en el restaurante

Cuando asistas a un restaurante debes tomar en cuenta ciertas precauciones, teles como:

- Mantén el tono de voz lo más bajo posible.
- Si una dama se levanta, o se acerca, el caballero se pone de pie o puede levantarse a medias en señal de respeto.
- Si el almuerzo es tipo buffet, no llenes el plato, lo correcto es servirse varias veces.
- Al levantarte para ir al tocador, coloca la servilleta en la silla no en la mesa.
- Nunca recojas unos cubiertos que se caen al suelo. Espera, el mozo lo recogerá.

- Mantén el tono de voz lo más bajo posible.

- Si una dama se levanta, o se acerca, el caballero se pone de pie o puede levantarse a medias en señal de respeto.

- Si el almuerzo es tipo buffet, no llenes el plato, lo correcto es servirse varias veces.

- Al levantarte para ir al tocador, coloca la servilleta en la silla no en la mesa.

- Nunca recojas unos cubiertos que se caen al suelo. Espera, el mozo lo recogerá.

- El pan se toma en trocitos y sólo se le pone la mantequilla al que se lleva a la boca.

- En la mesa no se permite maquillarse o peinarse, también implica a los caballeros, solo empolvarse la nariz.

- Mantén tu teléfono celular apagado o en vibrador si vas a almorzar.

- **Recuerda:** En la mesa los temas de conversación deben ser agradables, evitemos comentarios sobre política, accidentes, religión o cosas desagradables.

Compartir un café es excelente para atender una visita, es la manera amable y acogedora para reunirse a conversar, para desayunar. El café se puede servir con leche caliente, tostadas, pan, a los cuales puedes poner mantequilla y mermelada. El café en el día se sirve en tazas pequeñas.

Como agarrar la taza de café:

Las servilletas tienen uso y forma diferentes, sin embargo, el protocolo elegirá la forma deseada lo normal es servilleta de tela.
Nunca se envuelven los cubiertos en las servilletas, es decir cuchara, tenedor y cuchillo. La servilleta se coloca a la izquierda antes de los tenedores o encima del plato.

Las servilletas de papel son para el uso diario y son muy útiles cuando hay niños. Pero no se aconsejan, cuando haya invitados. Es preferible tener una docena de servilletas blancas finas de tela en su hogar.

Al sentarse a la mesa, la servilleta se encuentra a la izquierda, junto a los tenedores o sobre el plato principal vacío, se toma con la mano izquierda, se desdobla hasta la mitad, y se coloca el en regazo.

Procurar usar la servilleta siempre del mismo lado, para que no se vean las marcas que dejan los labios. Al terminar de comer, la servilleta se deja a la derecha del plato semi dobladas. Cuando vaya a comer colócala sobre las piernas.

Las servilletas deben combinar con el mantel, los calores pueden ser blancos o cremas, pero siempre muy delicados y glamorosos.

Al sentarnos en la mesa entramos por la izquierda y salimos por la derecha. La carterita y la servilleta la colocamos en la pierna. Nunca coloque la carterita encima de la mesa, eso está prohibido si es pequeñita en la pierna, si es más o menos mediana, la colocamos en la de nuestra silla o detrás nuestro. Pero siempre en las piernas debajo de la servilleta.

Se doblan en forma de triángulo o de rectángulo y se dejan a la izquierda del plato, los doblados artísticos, solo se permiten en fiestas familiares y ocasiones muy informales, y nada de colocarlas dentro de la copa, cuanto más sencillo sean los dobleces de servilletas más formal es.

Como montar una mesa Sencilla o convencional

Siga los siguientes pasos en el arreglo de una mesa sencilla o convencional.
- Limpie y seque bien la mesa.
- Poner el mantel luego en el cubremantel

En una mesa sencilla podemos agregar un platillo para el postre a izquierda del tenedor, el plato para el pan en la parte izquierda posterior con la espátula de la mantequilla con la punta hacia dentro.

Cuando quieras optar por una mesa doble, esta es la forma correcta de colocación.

Con la guía de la mesa doble, es importante agrega un tenedor de ensaladas a la izquierda del plato, un tenedor de postres en la parte posterior de plato, en forma opuesta a la cuchara de postre, y se añade una copa de vino blanco la cual debe estar a 7 cm. de la copa de agua.

Mesa de Gala

En la mesa de gala se ponen saleros, nunca pimenteros, ni ceniceros, prohibido fumar en la mesa, se puede hacer después del postre en un lugar adecuado que no afecte a los demás.
Al terminar de comer los cubiertos se colocan justo en el medio del plato con el filo del cuchillo hacia dentro.

En el montaje de gala, te puedes guiar con la colocación de la mesa doble, coloca una cuchara a la derecha del cuchillo una copa para champaña y una copa para vino tinto los cuales debes de estar a ½ cm. entre sí.

- Sopa: Se debe tomar con la cuchara llevándola hacia los labios, inclinando ligeramente el plato si es necesario (sin levantarlo). La cuchara se llena moviéndola hacia el borde del plato, no hacia el centro.
- Pan: Nunca se muerde el pan directamente. Se toma un pedazo pequeño con las manos y se lleva a la boca. La mantequilla se unta en cada pedazo por separado, nunca en todo el pan de una vez.
- Espaguetis o pasta larga: Se enroscan en el tenedor usando un movimiento suave. No es correcto cortar la pasta ni usar una cuchara como soporte.
- Ensaladas: Los ingredientes grandes se cortan en piezas pequeñas con el cuchillo y tenedor. Se evita cortar hojas de lechuga con el cuchillo si ya vienen troceadas.
- Pescado: Se utiliza el cuchillo especial de pescado, que es menos afilado. Se cortan pequeñas porciones y se quitan espinas de forma discreta.
- Carne roja: Se corta en pedazos pequeños conforme se va comiendo. Nunca se corta toda la carne de una vez y se evita utilizar un cuchillo dentado en carnes que no lo necesitan.

- Fruta (en ocasiones formales): En eventos formales, las frutas como la manzana y la pera se pelan y cortan en pedazos pequeños antes de llevarlas a la boca, utilizando cuchillo y tenedor.
- Mariscos (como langosta o camarones con cáscara): Normalmente se sirven con pinzas especiales para mariscos y un tenedor pequeño. La carne se extrae del caparazón de forma cuidadosa.
- Aceitunas o huesos (como en aceitunas o al comer pollo): Se retiran con discreción de la boca y se colocan en el borde del plato o en un plato específico para desechos.
- Postres (tarta o pastel): Si el postre es suave, se utiliza una cuchara. Si es un postre más firme, como un pastel, se utiliza un tenedor.
- Café o té: La taza se sostiene por el asa, y se toma sorbos pequeños. Si se necesita azúcar o leche, se mezcla suavemente con la cuchara sin hacer ruido y luego se retira la cuchara de la taza.
- Bebidas: Las copas de vino y agua se sostienen por el tallo para evitar calentar la bebida.

La organización de una mesa

Siempre que organice una mesa para una recepción, recuerda que:

- Los cubiertos se usan de a dentro hacia afuera.
- Las copas se usan de derecha a izquierda y no se toman por encima del plato.
- Antes de tomar vino o agua limpie su boca con la servilleta, cuidado de ensuciar la copa.
- Elija la cristalería lisa, sin dibujos, ni rayas.
- El cubierto de pescado se sostiene al dorso como un lápiz.
- Los platos limpios se colocan a la izquierda.
- Los platos sucios se colocan a la derecha.
- El agua se sirve por la derecha.
- Los alimentos no se empujan con el cuchillo.
- El cuchillo se sostiene con la mano derecha.
- Dejar el cuchillo en descanso mientras llevamos a la boca los alimentos.
- Si tiene que hablar, dejar descansar los cubiertos en la punta en cruz.
- La palita o cuchillo de pescado no se usa para cortar, solo para ayudar al tenedor de pescado.

El uso de las copas

El uso adecuado de las copas es esencial en la etiqueta y protocolo de la mesa, ya que cada tipo de vino o bebida tiene una copa específica que realza su sabor y aroma. Este cuidado en la selección y disposición de las copas no solo demuestra conocimiento y respeto por el servicio, sino también atención al detalle y refinamiento. Aunque los diseños pueden variar ligeramente según el fabricante, el estilo clásico de cada copa permanece para asegurar su función y brindar una experiencia óptima a los comensales.

Partes de una copa:

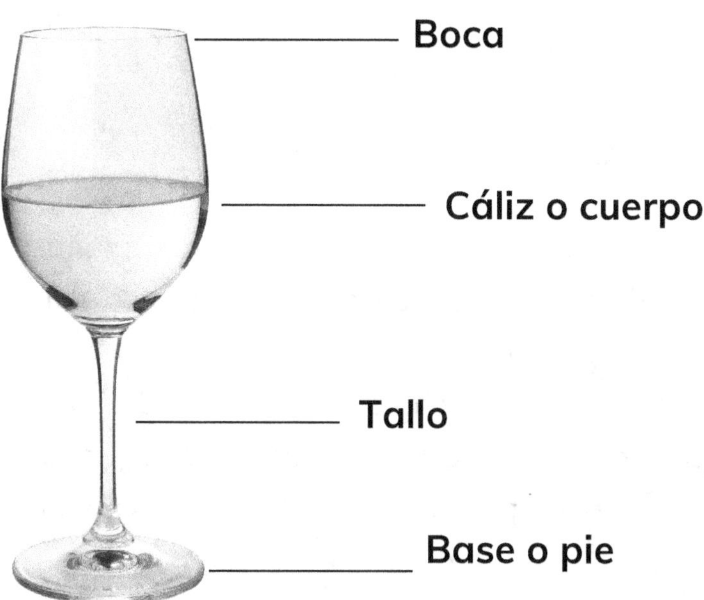

Tipos de copas:

- **Copas de agua:** Son de gran tamaño, ligeramente abombada, utilizadas para agua y zumo, solo se llenan un 4/5 de su capacidad.
- **Copa de vino:** Copa ancha de gran cavidad abombada, antes eran algo más pequeñas que las de agua, aunque ahora se impone una gran copa, solo se llena hasta ¾ de su capacidad.
- **Copa de vino blanco:** Esta es más pequeña y boca más estrecha que la de vino tinto por su necesidad de mantenerse frio, al igual que el vino tinto solo se llena ¾ de su capacidad.

- **Copa de jerez:** Un poco aflautada, tamaño medio y de pie corto, se usa para los vinos dulces y de jerez, solo se llena 2/3 de la misma.
- **Copa de champan:** Alta, de cuerpo largo y aflautado, y corta de pie, la idea de este tipo de copas es la de retener las burbujas, se pueden llenar hasta 4/5 de su capacidad.

- **Copa de vermut:** Copa corta y ancha de su boca, estrechándose a medida que se acerca más al pie, es usada para determinados cocteles y para el vermut.

- **Copa de coñac:** Gran copa de amplia cavidad y abombada, y pie muy corto, pensada para abrazarla con la mano y mantener templado su contenido, utilizada para coñac y brandy. No se debe llenar más de 1/3 de su contenido.

- **Copa de licor:** Pequeña de pie muy corto y escasa capacidad, utilizada para todo tipo de licores, hay que tomar en cuenta que estas es una de las copas con más variantes en diseños y medidas, se puede llenar hasta ¾ de su capacidad.
- **Vasos de tubo, vaso alto:** Utilizado más en hostelería, para el servicio diverso de refrescos, copas y cubatas, se puede llenar hasta 5/6 de su capacidad.

- **Jarra de cerveza:** La más habitual es la de medio litro, se llena hasta que la espuma alcance el borde, en algunos lugares se tiene la costumbre de mantener las jarras heladas en el congelador, hay que tener en cuenta que las copas lisas y de cristal transparentes son las más clásicas y siempre están de modas. No obstante, puedes encontrar multitud de formas, diseños, tamaños y colores diferentes.

Etiqueta de la copa:

Para manejar bien una copa hay que tener en cuenta lo siguiente:

1. En la mesa no llevarse la copa a la boca, sin antes no haberse secado los labios con la servilleta, basta con presionar la servilleta a los labios.
2. No dejar huellas de grasa, o de lápiz labial en el borde de la copa.
3. La copa de agua debe estar servida al sentarse los comensales.
4. Las de vino se sirven al momento de servirlo, y con sus respectivos platos.
5. Vino blanco, y vinos rosados, para pescados y carnes blancas.
6. Vino rojo, para carnes rojas o tintos, embutidos y quesos, vino rosado, para sopas, pastas y legumbres vino rosado joven. Para postres, cava o champan.
7. Champaña al final, o para acompañar todos los platos.

Aunque las copas pueden variar en diseño según el fabricante, adaptándose a tendencias modernas o estilos personales, el estilo clásico se mantiene para preservar su función esencial. Cada detalle, como la forma y el tamaño, sigue siendo cuidadosamente diseñado para resaltar los aromas, sabores y características de cada tipo de vino. Esta combinación de tradición y diseño asegura una experiencia de cata óptima y sofisticada.

Algunos puntos importantes a tomar en cuenta son:

- La copa de vino debe ir alineada con el cuchillo principal.
- La copa de vino blanco debe estar hacia abajo.
- En la mesa la copa de agua debe estar servida al sentarse los comensales, pero los vinos se sirven al momento de consumirlo y de acuerdo con el plato respectivo.

- Una copa de vino no debe llenarse más allá de la mitad porque pierde su aroma o fragancia.
- El brandy se toma muy despacio y se sirve en pequeñas cantidades.
- Nunca tomamos la copa por el cáliz o baso, estaríamos calentando el vino.
- Las copas de bebidas frías se toman por el pie, como la de vino, champaña u otras, excepto la copa de agua es la única que se toma por el cáliz por ser más alta y tendríamos mejor equilibrio.
- La copa de champaña se deja en la mesa, solo si va a estar llena todo el tiempo en la mesa, de lo contrario, se retira y se deja para el brindis final.
- Para servir el vino, procura, no agarrar la botella muy abajo o arriba, la parte media está bien, sin pegar la boca de la botella a la copa.
- En una comida alguien no quiere vino se le brindara agua, jamás refresco.

1. **Vino Blanco:** Este es el acompañamiento clásico para carnes blancas, como pescado, mariscos y aves de corral. Su sabor fresco y ácido complementa estos alimentos sin opacarlos.
2. **Vino Tinto:** Ideal para carnes rojas, como res, cordero y carnes de caza, ya que su sabor más robusto y taninos resaltan y equilibran la intensidad de estos platos. En particular:
   - Tintos ligeros (como Pinot Noir): Perfectos para carnes magras o menos grasas.
   - Tintos robustos (como Cabernet Sauvignon o Malbec): Funcionan muy bien con carnes más grasas o platillos intensamente condimentados.
3. **Vino Rosado:** Se considera versátil y puede acompañar tanto carnes blancas como ciertos tipos de embutidos y platos con carne de cerdo, especialmente en preparaciones más ligeras o veraniegas.
4. **Espumosos y Champán:** Además de sus clásicos maridajes con aperitivos, pueden acompañar algunos pescados y carnes blancas, dando un toque de frescura y elegancia al plato.

Es importante recordar que estas recomendaciones pueden variar de acuerdo al gusto personal y que, aunque la etiqueta sugiere ciertas combinaciones, siempre es posible experimentar según la ocasión y el platillo.

Los juegos de copa

En un juego de copa debe haber

- Doce copas para vino tinto.
- Doce copas para agua
- Doce copas para vino blanco
- Doce copas para cócteles y aperitivos
- Doce copas pequeñas para licores
- Doce copas para champaña
- Copas para jerez
- Copa para brandy
- Copas altas para el té frío
- Jarras para la cerveza
- Vasos anchos y bajos
- Botellones para vino o licores

Para servir el vino se procede de la manera siguiente:

1. Presentación de la botella: Antes de servir, presenta la botella al anfitrión o a quien ordenó el vino, mostrando la etiqueta para que puedan confirmar la elección.
2. Abrir la botella correctamente: Si es una botella de vino tinto o blanco, corta la cápsula justo debajo del borde de la boca de la botella y retira el corcho con un sacacorchos de manera silenciosa y sin movimientos bruscos.
3. Oler el corcho: Tras quitar el corcho, el camarero o anfitrión debe olerlo brevemente para verificar que esté en buen estado (sin señales de moho ni olor a humedad).
4. Ofrecer una pequeña prueba: Sirve una pequeña cantidad de vino en la copa del anfitrión para que pruebe y confirme su calidad. Este paso permite detectar cualquier imperfección antes de servir a todos.
5. Servir a los invitados: Una vez aprobado, comienza a servir el vino de derecha a izquierda, primero a las mujeres y luego a los hombres, finalizando con el anfitrión. Llena las copas solo hasta la mitad para vinos blancos y tintos, y un tercio para espumosos.
6. Evitar el contacto con la copa: Al verter, evita tocar la copa con la botella. Levanta ligeramente la botella al final de cada servicio para evitar que el vino gotee.
7. Retirar la botella adecuadamente: Coloca la botella en la mesa si es vino tinto, preferiblemente en un soporte o decantador. En el caso del vino blanco, colócala en una cubeta de hielo para mantener su temperatura.

Temperatura del vino:
La temperatura del vino tiene más importancia de lo que
creemos, para este líquido, es un requerimiento esencial para
poder degustar las bondades de este líquido, la temperatura
adecuada por supuesto varía dependiendo del tipo de vino,
cuanto menos alcohol contiene más baja puede ser su
temperatura para servir. Una temperatura adecuada no es ni
muy fría ni muy caliente.

Los vinos tintos

Para que puedan conservar todos sus matices, su peculiaridad
debe presentarse a una temperatura entre los 16 y 18 grados,
una temperatura excesiva puede provocar la vaporización y
desaparición del alcohol de este.

Los vinos blancos

Se tomarán frescos, no muy fríos, puedes colocarlos en la parte
de abajo de tu refrigerador, para que alcance entre los 8 y 10 c
es la temperatura adecuada, que debe alcanzar este líquido
para poder disfrutar de sus aromas frutales. En este tipo de
vino una temperatura más alta de lo adecuado el alcohol
prevalece, y podría disfrazar su personalidad.

Los vinos blancos dulces

Los vinos blancos dulces es recomendable servirlos a 6 c, esta
temperatura permite resaltar su expresión dulce y su condición
frutal.

Los vinos rosados

La temperatura adecuada para estos vinos es algo más baja y para el cava la temperatura debe oscilar, entre 5 y 7 c. no se recomienda meter los vinos blancos, rosados y cava en el congelador un cambio brusco de temperatura podría desprestigiar su aroma lo recomendable seria meterlo a la nevera una hora antes de servirlo. También podría usarse la cubetera con agua y hielo se regula más rápido la temperatura.

La importancia del descorche de los vinos:

La historia del primer sacacorchos utilizados para sacar tapones de corcho se remonta a mediado del siglo 18, en esa época se utilizaba una herramienta la cual su función original era extraer balas de viejos fusiles.
Hoy en día la mayoría de las botellas de vinos son tapadas con corchos, exceptuando algunas de ellas las cuales están cerradas con un sencillo tapón de plástico. La operación de descorche de un buen vino es delicada y es recomendable conocer sus pormenores, además de contar con un buen sacacorchos.

Algunos pasos para llevar a cabo un buen descorche son los siguientes:

- Es indispensable cortar con mucho cuidado las cápsulas metálicas por debajo del anillo del pico para que el vino no tenga nunca contacto con ella.
- No atravesar totalmente el corcho para evitar que partículas de este caigan sobre la bebida.

- Luego de realizar la extracción del corcho es necesario limpiar el pico de la botella nuevamente antes de comenzar a servirlo para probarlo. Si el vino tiene gusto a corcho no dude en descartarlo.
- Cuando se trata de aperturas de champañas o vinos espumantes es importante inclinar la botella levemente hasta conseguir un ángulo aproximado de 45 y comience a liberar el corcho con mucho cuidado, esto permitirá la salida del gas y no se pierde la espuma.

La cubertería convencional

La cubertería convencional, las que más se usa en los hogares, está integrada por varias piezas, tienen diferentes usos, como se explica a continuación:

- Cucharas para arroces
- Cuchara para legumbre
- Tenedores de 2 puntas para el asado
- Tenedor mediano de almuerzo
- Tenedor de 3 puntas para pescado
- Palitas para panques
- Pala de pastelería
- Cuchara grande para sopa
- Cuchara para ensalada y pastelería
- Cuchara para consomé
- Cuchara grande para carnes
- Cucharas para pescado
- Palitos para mantequilla
- Cuchara para salsa dulce

- Tenedor mediano para almuerzo
- Cuchara pequeña para almuerzo
- Tenedor 3 puntas para panques
- Cuchillo para quesos
- Cuchara para helado
- Tenedor de almuerzo y postre
- Cuchara de almuerzo o postre
- Tenedor para frutas
- Cuchillo para frutas
- Cucharitas dulcera especiales.

Los platos

Los platos independientemente son, el hondo y el llano, y para darle un mayor aire de fiesta y solemnidad, se le añade algo más a la mesa, un bajo plato o plato de sitio. Recuerde nunca se pone un plato hondo solo en la mesa, siempre debe tener como base un plato llano.

Buffet

- Es una actividad informal, los comensales no se sientan en la mesa.
- Los alimentos deben estar cortados.
- Nunca llenes el plato, es preferible ir varias veces, tomamos otro plato limpio, nunca el mismo para repetir.
- Nunca dejes comida en el plato,
- Se ponen platos y tenedores de buffet pequeños, nunca platos grandes.

Degustaciones de vinos y quesos:

Esta es una actividad para celebrar cualquier ocasión y tiene sus reglas básicas
Preferiblemente, a realizar de noche.
Lo principal es que haya la presencia de tres tipos de queso, suave, medio y un fuerte, se colocan sobre tablas, nunca en bandejas y se colocan enteros con un cuchillo, para que los invitados se sirvan ellos mismos, solo tome el que le quepa en la boca. También tres tipos de vinos, los quesos se acompañan de frutas, uvas, manzanas, melón, para pasar de un queso a otro, porque estas frutas neutralizan el paladar,
Las etiquetas del vino y los quesos se dejan en la mesa. Y recuerda todas las copas de bebidas frías.

Conclusión

La elegancia y el comportamiento con clase no se basan únicamente en seguir una lista de reglas, sino en proyectar respeto, empatía y autenticidad en cada interacción. La etiqueta y el protocolo son guías que nos permiten desenvolvernos con seguridad y gracia, facilitando la convivencia y generando una imagen de distinción. Sin embargo, la verdadera clase se demuestra en pequeños gestos de consideración hacia los demás, en la capacidad de escuchar, y en la habilidad de adaptarnos a diferentes situaciones sin perder nuestra esencia.

Al adoptar estos principios, no solo ganamos la admiración de quienes nos rodean, sino que también cultivamos una imagen de integridad y sofisticación. Recuerda que el camino hacia ser una persona con clase comienza desde adentro, reflejándose en cada acción y palabra. Así, con un compromiso continuo de respeto y auto-mejora, te convertirás en esa persona refinada que inspira y deja una huella positiva en cada espacio que ocupa.

Sobre mí

Mil Espino, nace en San Francisco de Macorís, en la Republica Dominicana, en el año 1968. Es egresada de Barbizon School dominicana, donde realizó sus estudios de Etiqueta y Protocolo y Desarrollo Personal. Es Licenciada en lenguas Modernas de la Universidad Tecnológica de Santiago (UTESA), con una especialidad en la enseñanza de lenguas extranjeras, egresada de la universidad Autónoma de Santo Domingo, trabajo en el área de Educación para el Ministerio de Educación de su país, realiza estudios de Consejería cristiana en el IBH internacional de los Estados unidos. En la actualidad se dedica a la Consejería y desarrollo humano, siendo autora de varios libros como, Olor del Cielo, la agenda de Dios, Reglas Básicas de Etiqueta y protocolo.

Mil Espino